현대시세계 시인선 185

크고 뜨거운 손

윤덕점
시집

크고 뜨거운 손

윤덕점 시집

도서출판 북인

시인의 말

새벽 창가에 서서 당신을 마중하며
우두커니!

나는 무엇하러 여기에 왔는가?
쓸고, 닦고, 훔치고…

얼마 남지 않았다

2025년 8월
윤덕점

차례

시인의 말 5

1부
비맛 한 접시 · 13
곡선 · 14
공원 · 15
시금치밭에 앉아 · 16
목련 · 17
냇가와 내과 사이 · 18
우짜꼬예? · 19
저수지에 비친 겨울산 · 20
지켜보는 눈이 따라다닌다 · 21
크고 뜨거운 손 · 22
고양이 계산법 · 24
딸기 · 26
며느리는 회식 중 · 27
새싹들은 숟가락을 닮았다 · 28
콧노래 한 소절 · 29

2부

mulching · 33
알람시계를 위한 변명 · 34
법당으로 가는 밥 · 35
내 이름은 윤덕점 · 36
하늬바람 · 37
장마 1 · 38
장마 2 · 39
장마 3 · 40
슬리퍼 신은 남자 · 41
양순 씨 · 42
끙 · 44
용태 씨의 영어 · 45
동다헌 정동주 선생의 강의 시간 · 46
둥지 1 · 48
일요일 · 50
절창 한 편 · 51
초파일 · 52

3부

보름달 · 57

바닥 · 58

밑줄 긋는 새 · 59

강서구 염창역 11번 벤치 · 60

귀 맞춤 · 61

연재 · 62

받침 · 63

여든 · 64

잡초와 호미 사이 · 65

쿠알루아렌치 목장에서 · 66

십자가 · 67

무화과 · 68

산해리 오층모전석탑 · 69

법랑 냄비 · 70

간호수첩 · 71

까르르 킥킥 · 72

4부

코르크 · 75

별목련 · 76

식빵 · 77

올챙이국수 · 78

힘센 그의 팔뚝에 옹이가 산다 · 79

삼천포 · 80

벚꽃 진 자리에서 벚꽃 생각 · 81

첫 제사 · 82

군산 · 84

유채 · 85

바나나 · 86

가시오이 · 87

알돌 · 88

한낮 · 90

노을전망대 · 91

만월 · 92

해설 밥의 힘, 시의 진력進力 / 백인덕 · 93

1부

비맛 한 접시

쿠션을 끌어안고 앉아 빗소리 듣습니다
볶음요리에 친 기름 소리처럼 사방으로 튑니다

우단동자, 수선화, 털머위, 자란… 내 화단에 자라는
식물들 입 쫑긋거립니다

오늘의 비맛은 들기름 넣고 볶은 무나물맛
요리의 시작과 끝은 다 간입니다

간 잘 맞는 요리 한상 그득하게 받아놓고
가만히 앉아
뜰을 내다봅니다

내 마당의 꽃들이 풍기는 냄새 향긋하고 달콤합니다

곡선

하늘은 흐릴 때나 맑을 때
곡선의 속살 활짝 열어
땅 위의 생명들에게 아낌없이 준다

배추와 무가 날마다 부쩍부쩍 자라는 것은
골고루 돌보는 바람, 햇볕과 비의
둥글고 온유한 힘이다

무릎 굴려 그네를 타면서 보았다
곡선의 아름다움
곡선의 황홀

직선으로 내리던 비도, 햇빛과 바람도
땅에 입 맞출 때는 둥글어진다

공원

하늘엔 서쪽으로 서쪽으로 가는 그믐달이 있고
열한 시가 넘었는데도 사람들은
잠자지 않고

트랙을 돌고 또 돌며
계속
흐느적거리고

해일이 밀려오는 것도 아닌데
밤이면 사람들이
해파리처럼

하나같이 반바지에 운동화
허옇게 드러난 종아리

한 트랙에선 뛰고 또 다른 트랙에선 걷는다

뛰고, 걷고, 쫓기는 사람들

시금치밭에 앉아

햇살 환한
시금치밭에 퍼질러 앉아

햇살이나 퍼먹을 줄
누가 알았겠냐 복 많다고 웃는다
시금치 먹고 젊어지자 웃는다

얼굴에 검버섯이 올라오고 기미가 껴도
괜찮다 괜찮다 햇살 자꾸만 퍼먹는다

시금치밭에 배 깔고 누운 얼룩무늬 고양이
자꾸 번지는 우리 웃음소리를
이해할 수 없다는 듯 쳐다본다

목련

한꺼번에 입은 상복 눈부시다
상복 입은 새끼들 많기도 하다

간 사람은 가도 남은 사람은 또 살아야지

어린 자식들 매달고 청상과부 되어
서 있는 저 목련

냇가와 내과 사이

내과에 갔다는 친구의 말이 냇가에 갔다고 들린다
봄 버들강아지나 보러 갈까 생각하는데
불면증 약 먹는다는 말을
의사는 안 좋은 약을 드시네요, 하더란다

냇가와 내과 사이
수면제와 버들강아지 사이에 낀
몽롱함과 부드러움
봄과 겨울만큼이나 아슬하다

냇가 돌계단에 앉아
아직 한번도
가본 적 없는 내과 생각해본다

우짜꼬예?

노인요양원 개수대 앞에서
채소를 다듬다가
우짜꼬예를 만난다

이거 우짜꼬예?

코 푼 휴지도 휴지통에 넣을 줄 몰라
누가 야쿠르트 한 병 준 것도 뜯을 줄 몰라
눈앞에 물병을 두고도 따를 줄 몰라
밥숟가락 쥐여줘도 밥 떠먹을 줄 몰라
환자복 앞섶이 벌어져도 단추를 못 잠가
손발톱 깎아주려 손 좀 내밀어 달래도
아침부터 밤까지 좁은 침상에 앉혀주면 앉은 채로
우짜꼬예, 우짜꼬예, 우짜꼬예?

우짜꼬예에 갇혀 종일 맴을 도는 그 할머니

저수지에 비친 겨울산

각도기로 본을 뜬 듯
포개진 산

보고도 못 본 척
들어도 못 들은 척

흐려도 그만 맑아도 그만

바람인가 하면 바람도 아니고
고요인가 하면 고요도 아니고

그저 허리 곧추세우고
앉아 있을
뿐

지켜보는 눈이 따라다닌다

 세 살배기가 언니 손 잡고 걷는다 보폭 큰 언니 손에 이끌려 말랑한 발 중심 잃고 흔들린다 털썩 퍼질러 앉고도 웃는다 떨어진 꽃잎 주워 입으로 가져간다 그러다가 금방 꽃잎 팽개지고 기어가는 개미를 집어든다

 해마다 봄은 연년생이다

크고 뜨거운 손

내 손은 보통 사람보다 크고 뜨겁다
어릴 때는 긴 손가락으로 피아노 잘 치겠다는 소릴 자주 들었다

꿈꾸던 피아노는 치지도 못하고

불룩하고 큰 관절들, 솥뚜껑처럼 두텁고 큰 손등
사람들은 나에게 손맛이 좋다고 한다

오늘은 딸네 집에서 김밥을 싼다
예순 넘은 내 손 시금치 무치고 가지런하게 단무지 썬다
크고 뜨거운 내 손등 아래에서 재빨리 숨이 죽는 음식 재료들
최고라고 엄지손가락 치켜든 손녀
쉼 없이 김밥 욱여넣는 딸을 물끄러미 본다

그래, 이거면 된다
자식들 입에 밥 들어가는 것보다 더 좋은 일이 뭐 있겠나
피아노, 매니큐어, 희고 가는 손가락, 다 필요 없다
김밥 맛있게 싸는 크고 뜨거운 내 손이 고맙다

힘 다할 때까지 누구든 밥이나 실컷 해먹이자
내 손등을 내가 쓸어본다

고양이 계산법

한 마리가 울면 덩달아 운다
울면서 나를 따라온다
사료 퍼담아주면 머리 맞대고 먹는다

서열대로 먹던 밥상
늙은 수컷 힘 빠진 오늘은 두레상이다

밥 먹은 고양이들 텃밭에 배 깔고 누워
내 발걸음 살핀다
밤새 새로 난 풀 뽑거나
푸성귀 챙기는 내가 발걸음
옮길 때마다 따라다니는 눈빛
쓰다듬으려 손 내밀면 벌떡 일어나
손 닿지 않을 만큼의 거리로 물러선다

밥은 밥이고 계산은 계산
셈 빠른 그들의 계산법이 얄밉지 않은 나

온기를 쬐고 쪼여주는 우리는
서로 알 만큼 다 아는 사이

야박한 계산도 개의치 않는다
다만 서로 자비심 키워주며 계산을 잊는다

딸기

나는 더욱더 빨갛게 웃을 거야

주근깨처럼

몸 밖에 씨가 있는 딸기

며느리는 회식 중

드디어 내 차지가 된다
달려드는 손주
할머니 보고 싶었다는 말에 안은 팔에 힘주며 등 토닥인다
어디서 이런 마음이 왔을까
회식 자리에서 오물거리고 있을 며느리
편히 많이 먹고 오너라
피자 주문해줄 필요도 없다
이미 우리는 창밖에 뜨는 보름달처럼 배부르다

아이는 내 얼굴 잡아당겨
그림 한 장 디민다
지붕 위로 고양이 한 마리 올려놓은 상상력
야광별처럼 반짝이는 생각의 줄을 끌고
배운 것들 다 보여주려 야단이다
줄넘기 이단뛰기 하다가 또 금방
태권도 자세 취하고
신나게
앞구르기도 한다
얼굴에 맺힌 땀방울 훔치며 웃는다

며느리 회식이 이차 삼차 이어지면 좋겠다

새싹들은 숟가락을 닮았다

새벽 연밭에서
왜가리 두 마리 주거니 받거니 먹이를 찾는다

어린것들 배불리 먹일 생각
오직, 새끼 입에 밥 디밀 생각

그 힘으로
연잎 나고 연꽃도 핀다

땅을 뚫고 올라오는 새싹들은 다
숟가락을 닮았다

콧노래 한 소절

목욕탕에서 들깨마사지를 하고 나와
동동걸음으로 엘리베이터 타는데
먼저 목욕 마치고 나와 있던 팔십대 할머니들
내게 피부가 참 좋다 하신다

평생 한번도 듣지 못한 그 말에 깜짝 놀라
얼굴 만져보며
할머니들이 백내장이 심하신가 싶다가 기분 좋아 웃는다
아직 한번도 듣지 못한 피부 좋고 예쁘다는 말

자동차 열쇠를 손가락으로 뱅뱅 돌리며 콧노래 한 소절

2부

mulching

누가 거들어줬으면 좋겠다

땀이 맺힌,

돌돌 말려 휘날리는,

바람이 마구 흔드는 비닐쪼가리

끝을 밟고 자꾸자꾸 흙을 뿌려댄다

안간힘을 써도 써도 이기기 힘들다

알람시계를 위한 변명

울다 잠드는 게 일이에요
목이 쉬어 꺽꺽 갈 데까지 가보는 게 일상이랍니다
울고 보채면 대개는 다 제 말을 들어줘요
엄마는 내게 보통 고집이 아니라며 울음을 말리지 않았죠
울다 지치면 그칠 거라면서요
외롭고 무서웠죠
발 뻗대보기도 하고 헛울음도 울어봤지만
소용없는 일인 걸 알게 됐어요
처음엔 뭐든지 다 뜻대로 될 줄 알았죠
어제도 그 버릇이 남아 발 뻗대다 책상에서 굴렀어요
그때나 지금이나 울다 잠드는 게 내 일이에요
꿈속에서도 더 잘 울 수 있는 곳을 찾아다녀요
나는 이제 그 일을 즐겨요

법당으로 가는 밥

봉긋하게 올라온 밥에서 김이 오릅니다

맨손이라도 뜨겁지 않아요

나의 두 손은

그릇을 받쳐 들었습니다

엎드려서 따뜻해질 시간

이 밥 한 그릇뿐이라 미안해요

내 어머니도 할머니도 또 할머니의 할머니도 그러하셨지요

다만 이름이 쌀밥이고 기도고 부처입니다

두 손 모아 머리 위로 밥을 들어올립니다

내 이름은 윤덕점

타원형 검은 점
오른쪽 팔에 있는 나만의 로고
내 이름은 윤덕점이다

이젠 점을 드러내도 부끄럽지 않은 나이
점이 있는 팔 맘대로 휘두르며
배영, 개구리헤엄, 접영을 한다
접영 할 때 호랑범나비 검은 문양처럼
더 자신만만

사람들은 자신의 표식을 갖고 싶어 문신도 한다
나의 점은 자연산인데
인위적인 문신과는 결이 다르지
내 점에는 대단한 무엇이 들었을 것 같아
아무 데나 내놓고 다니면 복이 달아날 듯

푸른 민소매 티셔츠를 사놓고
밤 늦도록 혼자,
펼쳤다, 접었다, 펼쳤다,

하늬바람

신나게 장난감 말 타는 두 살짜리 내 손녀 같다
잔디 위에서 재미있게 데굴데굴
몸 굴리는 바람

머리카락 다 뽑을 듯 뜨겁게 덤비는 햇볕과도
어깨
동무로 논다

까불거리는 내 손녀 서하의 발꿈치 같아
흐뭇하게 바라본다

머리칼 흩날려도 빗질할 필요 없다
겨우
몇 개 난 젖니처럼

바라볼수록 귀여운 바람

장마 1

소파에 비스듬히 누워 리모컨 쥐고
에어컨 켰다 에어컨 껐다

까무룩 잠 왔다
까마득 잠 갔다

손발에 열 올랐다 열 내렸다

창밖 고양이 두 마리
크르릉 크르릉
눅눅한 사랑을 나눈다

유리창에 붙은 흰 나방
날개 젖어
날지도 못하고

뒤엉킨 고양이나
쳐,
다,
본,
다,

장마 2
— 꽃

꽃이라고 했다
어린 나 앞세우고 간 점집에서
파란 엄마는 한숨을 쉬었다

개다리소반 위에 쌀을 뿌리며 주문 외던
얼굴 넓적한
그 여자네 집 담장에 줄장미가 넝쿨졌다

백구두에 빳빳하게 다린 모시옷 입고 나간 아버지
일주일째 돌아오지 않는 밤

비 계속 내리고
곳곳 논둑 터졌다

나는 장미꽃을 꺾어 조개껍데기에 넣고 짓이겼다

장마 3

잠 안 자고 비 내린다
잠 안 자고 풀 자란다

낮잠도 없이

낮잠도 없이 비 내린다
풀 자란다

나, 창 열고 비 보고 풀 본다

슬리퍼 신은 남자

어스름 내리는 늦가을 저물녘, 맨발에 슬리퍼 신은
젊은 남자
미도상가 앞 계단에 쪼그려 앉아
담배 피운다 맵고 짠 선짓국에서 오르는 김처럼
담배연기가
둘러쓴 검은 후드티 위로 퍼진다

아파트 계단 땀나게 오르내려도 시급은 정해져 있다
예쁘지 않아도 손잡고 걸을 여자가 있으면…
늘 꿈을 꾼다

복권이나 한 장 사볼 요량으로 주머니를 뒤지며
슬리퍼로 꽁초를 싹싹 비벼 끈다
침을 찍 뱉으며 돌아서는 그 남자
슬리퍼 사이로 삐죽 나온 발가락이 빨갛다

빨간 코트 호주머니에 두 손을 찔러넣은 긴 머리 여자가
종종걸음으로 그 곁을 지나간다

양순 씨

건미리 양미리는 들어봐도
때밀이는 진짜 아냐
하고많은 성 씨 중에 왜 하필 때 씨

누구는 날 때부터 때밀이였나
동네 슈퍼만 나가도 꼬마들 따라붙어
때밀이 때밀이
때밀이가 뭐 어쨌다고 어린 것들까지
듣기 좋은 양순이 놔두고 어쨌다고 그렇게만 부르나

나이 예순 넘도록 떨칠 수 없는 그 이름
날마다 귀에 못 박히도록 듣고 산다
타고난 팔자 어쩌지 못해

날마다 남의 때 밀고 닦으며
전생에 진 빚 이승에서 다 갚자 입술 꾹 다문다
다음 생에는 빛나는 이름으로 한번 살아봐야지

때밀이란 이름으로 입금된 통장
바라보며

때 씨가 여기 있다 어쩔래?

아무리 그렇게 불러도
난 김양순이라고

끙

오 개월짜리 아기 막 시작한 배밀이 끙,

구순 할머니 방바닥 닦을 때 끙,

파지 줍는 노인네 수레 가득 끙,

귀 짓물러진 코끼리, 관광객 태워 일어설 때 끙,

뒷산으로 지는 보름달 끙,

그 여자 마지막 고개 넘어갈 때 끙,

수선화 알뿌리 땅을 뚫고 올라올 때 끙,

불공평한 세상 다 같이 일으키는 끙,

용태 씨의 영어

정신병원 들락거리는
통양마을 용태 씨
정미소 앞 평상에 앉아
한 시간도 넘게 영어를 중얼거리네
한번도 걸림 없이 쏟아내네

정신나간 사람은 왜
영어로 말할까

공기 속을 물고기처럼 헤엄치는
알파벳이

머릿속에서 파닥파닥
용태 씨는 아직도 평상에 앉아
붕어처럼 입 뻐끔거리며
영어를 중얼거리네

what can I do?

동다헌 정동주 선생의 강의 시간

그냥 듣는 것만으로도 족해
글씨는 보지 말자
두꺼운 안경을 써도 잘 안 보이는 경지
볼펜 끝으로 눈꺼풀 밀어 올려봤자
금세 풀리는 눈 아예 감고서

뭘 더 알려고 하냐
그냥,
강의 소리를 풍경 소리로 듣고
하품 참으며 침이나 꿀꺽 삼키자

날마다 넘긴 책장이
지문도 다 먹어버렸는 걸 뭐

책상 밑에서 다리나 까닥이다가
가끔 발목 스트레칭도 하자
곧추세운 등에 바람 소리 새 소리
드나드는 것도 들어보자

졸음에 고개도 몇 번 처박다가

펜으로 톡 톡
칠판 두드리는 소리에 화들짝!

둥지 1

보름달이 뜰 때 둥지는 빛납니다

잠든 아이 안고 먼 여행에서 돌아와 날개를 접습니다
빵빵하게 부풀렸던 몸이 숨을 내립니다
목 뒤를 두드리며 기지개 켭니다
가방을 열어 준비해온 (우리 집 버팀목 어머니)라 쓰인
용돈 봉투
에브리타임 홍삼, 롯데헬스 영양제를 부립니다
아무도 주지 말고 혼자 다 먹으라며
밥상을 차려두고 잠 쫓던 어미 귓가에 속삭입니다
허리띠 풀고 셔츠 단추도 풀고 손을 씻습니다
새처럼 조잘거리며 원하던 시간을 안습니다
한 마리씩 골고루 먹이 넣어주던 TV 속 어미 새처럼
김치를 찢어 얹고 생선 살 발라주는 주름진 손
더 필요 없고 딱 이 시간만큼
거칠었던 일상도 둥지 안에서 다 녹습니다
눈빛 맞추며 아이는 아이끼리, 어른은 어른대로
온기 나누며 등을 둥글립니다
격조했던 시간 주무르며 서로 때를 묻힙니다
달콤함이 하품을 합니다

소파에 앉은 채로 금세 잠이 듭니다
큼지막한 손 하나가 다가와 양말을 벗기고 처진 손 모아
배 위로 얹어줍니다
창으로 스민 달이 차렵이불을 덮어줍니다

일요일

북엇국 끓이며 거품을 걷어낸다
진짜가 아닌 것들은 겉돈다
무 콩나물 북어가 아닌, 거품…

산불에 집 잃은 시인이 와서 울었다
얇은 어깨를 들썩이며

자고 일어난 머리칼처럼 뒤엉켜버린
살림살이를 보며 망연자실했단다

집을 잃은 사람은 겉돈다

창밖 벚꽃잎 날리는 광경을 보며 기도한다
제발 그가 이 세상 거품이 아니기를

아침 목욕탕에서 돌아와 마시는
북엇국 한 그릇

산불에 집을 잃은 시인이 콧등의 땀을 훔친다

절창 한 편

흙밭에 퍼질러앉아 들깻대 뽑는 할머니를 본다

한 대 뽑을 때마다 한번

뒤로 나뒹굴며 뿌리에 묻은 흙 꼼꼼히 털어낸다

뿌리와 맞서는 일, 이판사판

씨앗 다 빼앗기고 빈 몸뿐이면서도 끝까지 맞서는 저 오기

붙들고 늘어져야 한다

악착같아야 한다

실뿌리까지 탈탈 털어내는 절창 한 편

초파일

오전 염불 끝낸 스님
비빔밥을 척척 비비신다
숟가락을 물김치에 적셔
한 숟가락 수북이 뜨신다
뱃심이 있어야 염불도 술술 나온다며

공양주가 부침개 한 접시를 밀어놓는다
부디 든든하게 드시고
천지간 의지가지없는 중생들
모두 성불시켜달라고

오늘의 바리스타 봉사 중인 처사님도
방금 핸드드립으로 내린
예멘모카마타리 한 잔 뜨겁게 건넨다

스님이나 속인이나 한통속 되어
불국정토 빌고 비는
아무도
목 쉬지 않고 지치지도 않고
축음기처럼 흥겹게 잘 돌아가는 날

으아리꽃도 흐드러지게 피어 있는 대로
입 벌려 웃는다

3부

보름달

저 항해사의 하늘을
다
제 것이라고

커다란 도장
콱
박아놓았다

감히,

아무도,

어째서 네 것이냐고 따질 수가 없다

바닥

초롱꽃 몇 대 잘라 식탁 위에 꽂는다
모두 바닥으로 고개를 숙이고 있다
나도 그랬다 그 사람 숨 꺼지고 일 년 동안
고개를 들 수 없었다
물 못 얻어먹어 시드는 꽃처럼 저절로 고개 꺾이던 그때
그 밤길 헤쳐나오는 일에는 초롱이 필요했다
까무룩 잠들었다가 깨기를 반복하던 밤
불 끄면 산비둘기 울고
별이라도 몇 개 돋았으면 좋겠다 싶었다
그 사람 간 곳도, 내 돌아갈 곳도 하늘이 아니라 바닥 밑의 바닥
초롱꽃이 뿌리를 박고 있는 바닥

밑줄 긋는 새

너무 함부로 살았다
아무거나 배 터지도록 먹고 마시며 살았다

저기 저 하늘에 새 한 마리 날아간다

유리창에 입김 불어
나도
천
천
히

밑줄을… 긋는다 밑줄 끝에 멈춰 서본다

강서구 염창역 11번 벤치

서울시 강서구 염창역
벤치 하나를 사계절 내내 차지한 여자
얼굴빛이 검고 무표정하다
영하 20도를 오르내리는 한파에도 꿈쩍않고 붙어 있다

벤치에 놓인 조형물처럼

인두겁 쓴 사람들 넘쳐나는 거리에서
먹고 자고
최소한으로 산다

영하의 추위 피해 사람들 모두 집으로 스며든
깜깜한 밤에도
작은 배낭 베고 반듯이 누워
TV 드라마 보듯 밤하늘을 올려다보고 있다

어디서 났을까 오늘은
스타벅스 커피 한 잔 들고
아무리 올려다보아도 없는 별 올려다보고 있다

귀 맞춤

첫 키스 할 때
귀를 잡혔던 느낌이 좋았다

화장실에 앉아 볼일 볼 때
두루마리 휴지 풀어 귀 맞춘다
반으로 접고 다시 반으로 접어 귀 딱 맞춘다

빨래 개킬 때
책꽂이에 책 꽂을 때
밥상 차릴 때도 꼭 귀 맞춘다

아마 나는 죽을 때까지
귀 맞추고 살 것 같다

귀 딱딱 맞는 것들로 집안을 채우고
뿌듯하게 웃는다

연재

두 돌 만에 동생을 본 네 살짜리 연재

아이 업고 달구경 하는데
저는 이렇게 불어오는 바람이 좋아요
할머니 집은 참 좋아요
공벌레, 잠자리, 고양이도 예뻐요

업고 달구경하다 은목서 향 맡아보라 어르자
어느새 순한 숨소리로 내 등에 기댄 아이
두 팔로 내 목을 꼭 끌어안으며
나는 할머니가 젤 좋아요

받침

다섯 살짜리 앉혀놓고 아들이 제 아들에게
한글 공부를 시킨다 받침 없는 글자는 다 아니까
받침 있는 글자 공부하자며
받침처럼 꺾꺾거린다

날씨, 공책, 물통, 손톱, 목욕탕, 충전…

그것 조금 늦게 알면 어때서
대나무 자로 책상을 탁탁 치며 안달이다

아이는 자꾸 딴생각한다
받침이 붙었다 떨어졌다 자주 길을 놓친다

아빠, 이거 다 하면 헬로카봇 틀어줄 거예요?
아이의 관심은 유튜브에 있고
아비는 긴 자로 책상을 탁탁 두드린다

여든

평생 자기 이름으로 불리지 못했다
밤낮 쪼그려 앉아 자투리땅만 팠다

치매 걸린 영감 지난 겨울 노인요양원으로 떠났다
이젠 평생 달고 산 이름 구월댁
불러줄 사람도 없다

아픈 다리 질질 끌며 콩씨 몇 알 든 플라스틱 대야 들고
어둑한 고샅길 돌아간다

여든 살 여든 해가
무겁다, 무섭다, 참 무심하다

잡초와 호미 사이

나는 본처, 너는 시앗?
보이기만 하면 머리끄덩이 잡고
왜 이렇게 사무치도록 뽑아버리고 싶은지
시도 때도 없이 고개 디밀며 나를 성가시게 하는
아무리 같이 살자 해도 도무지 정이 가지 않는
내 마당 다 차지하고 날마다 생글거리는
저 악연 어떤 것인지 도무지 알 수가 없는
손톱 밑 새까매지도록, 손끝이 뭉툭해지도록, 할퀴고 잡아뜯는
아무리 그래도 하룻밤 자고 나면 또 날 보고 웃으면서
살살 기어나오는, 저, 저

… 저 잡초년

쿠알루아렌치 목장에서

바람이 치마를 들쳐요
다리를 오므려 치맛자락 붙잡아요
훌렁 뒤집어지는 건 참을 수 없죠
누가 저 못된 손버릇 좀 고쳐줘요

풋자두 깨물 듯 입술 깨물어요
싫어, 싫어요
다행히 맨살은 드러나지 않았어요

그러나 뒤집히는 건 한순간
순간을 잘 견뎌야죠
뜬금없이 나를 공격하는 것들에게
부끄러움을 뭉쳐 힘껏 밀쳐요

코 납작해진 바람이 나자빠져요
다시는 약해보이지 않을 거야
지금부터 내가 먼저 공격할래요

어퍼컷
어퍼컷

십자가

지켜달라 한 적 없는데
눈 벌겋게 뜨고
밤마다 나를 바라보는 당신
내 오빠도 남편도 아니면서 어쩌자고
이렇게까지

벌건 그 눈 좀 치워
감을 줄 모르는 눈 질려
보름달까지 데리고 내 주변 도는 당신 때문에
도대체 편히 잠들 수가 없네
옴짝달싹할 수 없게 나를,
손바닥에 올려놓고 싶어?

아무리 그래봤자 다시는 당신에게
안 갈 거야
내일은 커튼집에 가서 암막커튼 싹 쳐버려야지
이미 물 건너간 마음 돌이킬 수 없어
있을 때 잘하지 그랬냐
헤어진 지가 언젠데 아직도
그러고 있냐고
미련하게

무화과

올해도 지천으로 젖꼭지
내미는 천수관음

누구든 오가며 툭 따서 베어물어라

하늘에서 바라보며 웃는 엄마

산해리 오층모전석탑*

여름 끝물 봉강마을 입구에
몽글몽글 해바라기가 고개 푹 숙였군요
부끄럼 많은 발목 제 그림자로 덮었네요

생활고에 시달린 종순엄마 둥그런 얼굴
그대로 빼닮았습니다
부황든 모습 안 보이려고 고개 들지 않습니다

달 밝은 밤이면 전탑 앞에 손 모우고
다음 생에는 배고프지 않게 해달라 기도해요
부끄러워 고개도 못 드는 종순엄마
저 그림자까지 꺼끌꺼끌

몇 생을 다시 태어나야 누런
부황기 다 벗을 수 있을까요
오늘 밤에도 전탑 앞으로 달려가
간절한 목소리로 두 손 모아 빌고 빌
얼굴 넙데데한 저 여자

*국보 187호, 경북 영양 산해리 봉감마을에 있는 신라시대 석탑.

법랑 냄비

쉴 새 없이 흐르는 콧물
휴지로 콧구멍 막고 종일 버티는 해거름
현관문 두드리며
문 좀 열어보라는 익숙한 목소리

고무대야에 흰 법랑 냄비 담아들고 서 있다
뭘 좀 먹었냐고, 입맛 없어도 먹어야 한다고
장엇국 한 냄비 들고 웃는다

콧구멍에 박힌 휴지 먼저 빼내고
종일 뒹군 탓에 수세미 같은 머리카락
손가락으로 쓸어넘긴다

껄끄럽고 써서 물도 안 넘어가던 목구멍 열어
뜨거운 국물을 넘긴다
땀 흥건한 이마를 닦으며 국 한 그릇 고스란히 비운다

간호수첩
— 비둘기

택시 안에서도
분만실 오르는 복도에서도
다시마 쌈 잔뜩 먹고 똥 누듯

태지 허옇게 뒤집어쓰고
생살 찢으며 찾아온
우주 속 비둘기들

비릿함 참다가 더러 욕지기가 올라오던
새벽의 행성

이마에 돋은 땀 훔치며
뽀득뽀득 손 씻던 그 분만실
하룻밤에 열 명의 새생명 만났다

그 비둘기들 지금은 다 어디로 가서
어떤 기억창고를 짓고 있을까?

까르르 킥킥

아침 댓바람부터 익은 고추 한 광주리 따고 나니
며칠째 앓던 요통이 씻은 듯이 나았다는
죽천댁

누군가가 고추를 따서 허리가 나았다고
호박을 땄으면 절대로 허리는 낫지 않았을 거라고
까르르 킥킥

혼자 사는 여자 요통엔 세상 무슨 약이 좋다 해도
고추만 한 약은 없다 킥킥

언니 동생 알몸으로 모여앉은 목욕탕
들었다놓았다
발긋발긋 익어가는
고추

4부

코르크

저항 없이 물러서는 일이
여태까지의 약속,
난 그런 거 싫어
그게 뭐야
맥없이 풀리면 아무도 안 쳐다봐

옥수수도 확 튀어서 팝콘

나를 말랑하고 순하게만 보았다면 오산이야
믿을 데 없으면 깡이라도 있어야지
젖 먹던 힘까지 짜내서
갈 때 가더라도 꽥 소리는
한번 하고 가야지

별목련

시치미떼고 있어도 알 건 다 알아요
요즘엔 꽃들도 조숙증이래요
하룻밤 사이에 화들짝
벌어지네요

파운데이션, 볼터치, 파마머리까지
밤새 할 건 다 했군요

끝까지 한번 가보고 나서
죽어도 죽겠다고

작심하고 덤비네요
부끄러움도 없어요 요즘 것들
말릴 재간이 없죠
벌건 대낮에
고개 빳빳이 들고 설치는

저 당돌한
꽃 비린내

식빵

나 하나쯤이야 너끈하게 먹여살릴 너를 찢어서
볼 미어지게
한 입

미안해할 필요도 없이

올챙이국수

정선 아리랑시장에 올챙이가 바글바글 산다
하고많은 논바닥 다 놔두고
올챙이가 모인 것은
그리워서다
달 밝은 밤 무논에 얼굴 비춰보며
훌쩍이던 것도 그런 까닭이다
어미 목소리 가까이서 듣고 싶어서다
목 늘어진 헐렁한 티셔츠 속에
알 다 빨린 젖통 출렁이는 걸
곁에서
보고 싶어서다

식구끼리는 한데 모여 살아야 한다
죽이 되든 밥이 되든 한솥에서 지지고 볶아야 정이 든다

정선 아리랑시장에 엄마 그리운 올챙이가 바글바글 모인다

힘센 그의 팔뚝에 옹이가 산다

한평생 새우젓배 탄 박씨
상박근에 키운 옹이 야구공만 하다
어느 틈에 들어앉은 그놈 키우느라
밥 먹고 똥 누고 담배 피우고 일한다
물때 따라 하루 네 번, 그물 올리고 그물 내린다
옹이를 키우느라 믹스커피와 컵라면 부지런히 먹는다
파스 팩하며 쓰다듬고 만지며 환하게 웃는다
새우젓통 어깨에 메고 걸으면
오르락내리락

제멋대로 달아난 그물 찾느라 씨름하는 밤
한번씩 쓰다듬으면 외롭지 않다

철 따라 피는 꽃 못 보고 짙어지는 녹음도 제때 보기 어렵지만
사람 사는 거 별 거 아니다
전화할 때마다 우시는 엄마 생각
잠시 먹먹할 뿐,
오늘도 상박근에 옹이 키우는 재미가 있다

삼천포

시도 때도 없이 파닥파닥
바람이 분다
수평선에 낮게 떠 있는 배들도 한호흡으로 뱃고동 울린다

언덕배기 낮은 시멘트벽 머리 맞댄 집들 몇 마리씩 생선을 내걸었다

삼천포에서 살려면 모기만 한 소리로는 바닷바람을 이길 수 없다
아랫배에 힘 넣고 빵빵하게 흥정도 하고, 잡담도 귀청 떨어지게 해야 한다

너도나도 왁자지껄

파닥거리는 것들 천지다
종아리에 도드라지는 굵은 힘줄 목 긴 물장화 신고 어시장 골목 누빈다

삼천포 어시장에선 몸과 몸이 부딪혀도 시비 걸지 않는다

벚꽃 진 자리에서 벚꽃 생각

꽃 진 자리에서 꺼낸 초록 원피스 입고 춤출 쨍한 여름 한낮이
걸어오는 걸 못 보았구나
끝인가 싶어도 또 새움 나고
빈 주먹인가 싶어도 때가 되면 한 움큼 열매도 움켜쥘 수 있지
내 맘대로가 아니라 보이지 않는 손이 늘
먹여주고 입혀주고 나를 살게 한다
누구는 다람쥐 쳇바퀴 돌리는 일이라지만
밥 잘 챙겨먹고 옷 따숩게 입고 몸조심하라던 어머니 말씀
그 속에 세상 돌아가는 이치 다 들어 있다
시계가 돌 듯
달이 뜨고 별이 지고 여름 가고 가을 오고
슬퍼할 일 당황할 일도 하나 없다
죽음이라는 단어는 그냥,
단어일 뿐이라고

첫 제사

한번도 안 자고 간 적 없는 시동생
남편 첫 제사에도 어김없이 자고 가대
사람 없다고 있던 정 다 끊길까?
자는 일 아무것도 아닌 듯해도
그게 믿음이더니만

자고 간다는 말
어찌나 고마운지

찧어놓았던 쌀 한 부대 꺼내 실어줬지
찹쌀도 서너 됫박 얹어서
나물이며 생선까지 한 보따리 챙겼지
차가 떠나는데 뱃속이 뜨뜻해지데
말은 안 해도 쌓이고 쌓인 정
삼십 년이라니까

잠잘 이부자리며
밥상 차린다고 몸 고단해도
마음이 좋더라고
기댈 데가 있다 싶어서

떠나는 차 바라보며 오래오래
손을 흔들었지

군산

빵 냄새 가득하다

군산 놈들 밥만 먹고 똥만 싼다

군산 놈들 밥만 먹고 똥만 싼다*

이 도시에 온 사람들은 모두가 코를 벌름거린다

달콤한 팥 냄새 앞에서 몇몇은 입술에 침을 바른다

선창 배회하는 갈매기마저 빵조각 물고 날아다닌다

*심호택, 「옥구선沃溝線」

유채

꽃 피우는 건 내 맘이어요
꽃 꺾는 건 당신 맘이죠

별을 세느라 밤 지새웠어요
언젠가 다 말할 날 있을 거라
참고 또 참았죠

통통하게 몸 불리며 꽃필 날
기다렸어요
노란 머리핀 꽂은 소녀 같죠
굵고 짧게
환하고 다정하게

샛노랗게 부풀어서
한 숭어리 꽃

참았던 말문 열어
해맑게 웃으며 덧니도 살짝 드러낼래요

내가 못 가본 곳까지 나를
데려다줄 거죠?

바나나

당신은 노랑 손잡이입니다
내가 당신을 잡아당기면 기우뚱 문이 열려요
그 문으로 발 살짝 디밀면 거긴 딴 세상
단단하던 빗장이 풀리죠

입술 핥으며 내가 즐기는 메뉴가 거기 있죠

빗장 여는 순간은 자주
힘들어요 문 밖에서 서성거리며 노크하고 헛기침하면서 시간 보내요

오래 기다려야 잘 익는다는 걸 아는 난 참을성이 많아요
원하는 걸 얻고 싶을 땐 더욱 그렇죠
손잡이 돌리는 것도 마찬가지
천천히 부드럽게 진심을 담는 일이 소중해요

근데 당신, 문을
열어주긴 할 거죠?

가시오이

바나나만 한 가시오이 두 개 달렸다
첫 열매는 고추 달린 아들이 따야 많이 열린다는데
아침 일찍 오이 곁에 앉아 크기를 살핀다
잎사귀를 들추니 달팽이 한 마리
숨죽이고 붙어 있다
몰래 숨어들어 다 된 농사 망칠까봐
떼어내서 멀리 던진다
할미가 키운 오이 보고 들떠서
서로 따겠다고 덤빌 손주들
두 개니까 둘이 하나씩
고 여린 손 혹 오이 가시가 찌르지 않을까
지나가는 구름이 걱정도 팔자라며
걱정 붙들어 매라는데
그래도 나는
뺨을 재며 어느 방향에서 따는 게 좋을지
꼭지를 요리조리 살피고

알돌

가슴 두드리며 어버버 어버버 안타까운 눈빛
골병들어 허리 무릎 안 아픈 데가 없던 그 사람
보건진료소 오가며 내게
깊이 허리 숙여 인사했지 서택지 곁에 살던 그 허름한 잠뱅이
반쯤 걷고 반쯤 걸치고 검정 고무신을 신고 있었지
긴 장마에 호박잎 넌출거리던 아침
그가 들고 온
럭비공같이 생긴 알돌 한 알
마루에 내려놓고 손짓발짓하던 그 사람 이승 졸업하고
나도 퇴직하고 여러 해

말 못하던 그 할배
입 찾듯
돌의 입을 찾아본다

입 있어도 하지 못하던 그의 말
생각하며 잠든 날

돌의 입이 커다랗게 열리는 꿈을 꾸었다
평생 못한 말을 마구 쏟아내며 비 온 뒷날 못물처럼

출렁출렁
내게로 걸어오고 있었다

＊서택지 : 사천시 용현면 신촌리 소재 연못.

한낮

땡볕 내리쬐는 한낮 찻물 뜨러
산길 오르는데
아까시나무 그늘 아래 물까치
후드득 난다

날아가는 몸짓 황급하다
너 혼자만 즐기는 고요, 몰라서 미안해

나도 가끔 그러긴 해
한여름에도 돌침대 온도 높여 누우면
노곤하게 몸이 녹지
뜨거운 바닥에 등 붙이면
소란한 시간도 가만히 가라앉더라

입 닫고 눈 닫고
딸려나오는 참한 고요

혼자만의 시간
네게도 있었구나

도망가지 말아라, 물까치야

노을전망대

한쪽씩 죽죽 찢어 아무에게나 나눠줄 배추전 같다
저 일몰의 하늘

내 생각 알겠다는 듯
내 생각 알겠다는 듯
툭
툭
튀어오르는 숭어 떼

그들과 함께 물들어 금빛 몸으로 하루 넘어간다

나도 주황으로 물들어 지금
황홀하다

만월

누군가 말했어

눈 갑자기 뜨면 잡았던 걸 다 놓친다고

해설

밥의 힘, 시의 진력進力

백인덕/ 시인

1

　세계는 그냥 두고 앞바다 섬, 그 섬에 갇힌 것 같은 작은 숲을 본다. 고단할 텐데, 외로울 텐데 걱정이 앞서는 보는 이의 생각과 달리 그 숲은 여전히 거기서 성성하다. 최근에 이뤄진 숲에 관한 발견에 따르면, 나무는 종류가 다르고 생장 기간이 달라도 한 생태계를 이뤄 긴밀한 소통망網을 형성한다.

　경쟁이 아니라 공존의 분위기가 먼저라는 것이다. 나무 개개의 뿌리가 맞닿는 경우는 거의 없지만 기생 균류 등을 통해 그들만의 언어, 즉 화학적 신호를 주고받는다. 이를 통해 외부 침입에 대항하고, 내부에서의 과도한 경쟁을 완화하는 길을 찾는다. 지금까지 우리가 배워 믿어온 '풀→ 관목→ 활엽수→ 침엽수'의 순으로 숲의 지배가 바뀐다거나, 나무의 성장은 '뿌리-줄기-가지-잎의 단계', 즉 개체의 성장은 마치 주변환경과 아무 관련이 없다는 식의 생각은 이런 발견을 통해 점차 수정, 보완되어야 한다.

  발견과 (그에 대한) 사유가 엎치락뒤치락하는 '사이', 윤덕점 시인은 한 생을 항해하는 존재로서 그 자신이 직접 생의 '비의'에 가 닿고자 한다. 언어라는 매개를 통과하지 않을 수 없지만, 감각 체험에 집중하면서 언어의 일반적 의미가 아닌 다른 양상을 생성할 수도 있다. 시인에게 언어란 단순한 매재(질료)가 아니라 존재의 근거이기에 시인이 추구하는 '다른 양상'이란 곧 시인만의 인식적 차이(차이에 대한 인식), 거기서 비롯하는 존재론이라 할 수 있다.

> 하늘은 흐릴 때나 맑을 때
> 곡선의 속살 활짝 열어
> 땅 위의 생명들에게 아낌없이 준다
>
> 배추와 무가 날마다 부쩍부쩍 자라는 것은
> 골고루 돌보는 바람, 햇볕과 비의
> 둥글고 온유한 힘이다
>
> 무릎 굴려 그네를 타면서 보았다
> 곡선의 아름다움
> 곡선의 황홀
>
> 직선으로 내리던 비도, 햇빛과 바람도

땅에 입 맞출 때는 둥글어진다

  　　　　　　　　　　　　　　—「곡선」 전문

  곡선을 사유하는 힘은 생에 대한 강한 긍정이 없으면 생겨나지 않는다. 끈(혹은 초끈) 이론에 따르면 우주는 9개 이상의 차원으로 출발했다. 우리는 점, 선, 면, 시공의 4차원만 감각적 현실로 파악할 수 있을 뿐, 나머지 5개 이상의 차원은 공간과 시간, 대체로 시간의 잠재적 가능성으로 남아 있다. 시적 상상의 영역에서 가능하다는 말과 같다.

  윤덕점 시인은 하늘이 "곡선의 속살 활짝 열어" 뭇 생명에 반응한다고 본다. 그 실제로 "배추와 무가 날마다 부쩍부쩍 자라는 것은/ 골고루 돌보는 바람, 햇볕과 비의/ 둥글고 온유한 힘이다"라고 표명한다. 물질과 마주 선다는 의미에서 자연 상태에서 "곡선의 아름다움/ 곡선의 황홀"을 느낄 수는 있지만, 그 작용 인자因子인 "바람, 햇볕과 비"의 곡선을 생각하기는 쉽지 않다.

  4차원의 존재라는 각인 때문에 시작부터 끝, 아니 발생했으므로 소멸하리라는 불가역의 직선, 시간관을 각자의 내부에 품고 있기 때문이다. 하지만 경험은 이 내면화된 진리를 위반한다. "직선으로 내리던 비도, 햇빛과 바람도/ 땅에 입 맞출 때는 둥글어"지는 사태를 거듭 보고, 또 보다보면 내면화한 진리라 일컫는 것과 다르게 세계와 생을 볼 수 있게 된다. 이 가능성의 세계에서는 과거를 보기 위해 돌아설 필요가 없다. 발 앞의 현실을 조금 넘어서는 눈길로 앞을 보면 곡면의 저 끝에서 성찰과 기대라는 두 아이를 안아올린 존재의 앞면이 보인다.

2

 윤덕점 시인을 이제 '곡선의 시인'이라 칭할까, "사건을 해석하려는 것은 원인을 찾아내어 그 목적을 정당화하기 위해서다." 질 들뢰즈의 말이다. 이 우주는 우연으로 가득하다. 여기서 '우연'은 '해프닝happening'이다, 반면 사건은 '이벤트event'인데 경험이나 개념으로 의미를 부여할 수밖에 없는 사태, 혹은 우연이지만 필연적 결과(죽음이 대표적이다)가 생성되는 경우를 지칭한다. 즉, 우연을 필연으로 의미 부여하기 위해서는 관여關與의 자세가 필요하다. 내 경험이 그 어떤 이차적 체험보다 값진 이유가 여기에 있다. 시는 관찰의 자세를 취하지만 단 한순간의 깊은 공감으로 이를 성취한다.

> 새벽 연밭에서
> 왜가리 두 마리 주거니 받거니 먹이를 찾는다
>
> 어린것들 배불리 먹일 생각
> 오직, 새끼 입에 밥 디밀 생각
>
> 그 힘으로
> 연잎 나고 연꽃도 핀다

땅을 뚫고 올라오는 새싹들은 다
숟가락을 닮았다
　　　　　　　　　—「새싹들은 숟가락을 닮았다」 전문

　시각적 표상으로 왜가리의 부리는 딱딱한 직선이지만 '먹이', "어린것들 배불리 먹일 생각/ 오직, 새끼 입에 밥 디밀 생각"을 할 때는 연잎, 연꽃처럼 둥글어진다. 형태만 둥근 것이 아니라 가장 원초적인 곳에서 자비심이 솟구쳐오른다. 하여, "땅을 뚫고 올라오는 새싹들은 다/ 숟가락을 닮았다"라는 명제는 입의 형태가 먼저냐, 숟가락 모양이 먼저냐 하는 식의 논란을 불식한다.

　부지불식도 수행의 한 방편이다, 하지만 시는 유식의 고통을 감내하고자 하는 또 다른 결의에서 비롯한다. 이름이 흔적 이상인 이유는 그것이 이 세계에서 존재를 호명하고, 구출하려는 첫 시도이기 때문이다. "사람들은 자신의 표식을 갖고 싶어 문신도 한다/ 나의 점은 자연산인데/ 인위적인 문신과는 결이 다르지/ 내 점에는 대단한 무엇이 들었을 것 같아/ 아무 데나 내놓고 다니면 복이 달아날"(「내 이름은 윤덕점」) 것 같아 아직 훤히 드러내지 않는 이유도 거기에 있다.

　상처 없는 영혼은 없다, 굳이 프로이트나 보들레르를 인용하지 않아도 존재는 상처 위에 현현한다. 현존은 시간적 개념 이전에 근거에 대한 자성적 감각이다. 나를 자꾸 돌아보게 하는 지점이 있다면 그럴 수밖에 없다. 시인은 유년의 장마철 한때를 기억한다. 트라우마다, 소식 없는 아버지, 곳곳에서 터지는 논둑, 파란 엄마의 한숨이 보이지만 그것이 오늘의 결정 인자일 수는 없다. 상흔은 극복하는 게 아니라 달래며 데리고 가는 것이다,

시인은 "나는 장미꽃을 꺾어 조개껍데기에 넣고 짓이겼다"라고 그 상황과 인지한 내용에 대한 분노를 표명했다. 하지만 그 장마를 '꽃'을 통해 기억하듯 트라우마와 동행하는 법을 이미 그때부터 알았고, 연습했는지 모른다. 종국에는 "내가 못 가본 곳까지 나를/ 데려다줄 거죠?"(「유채」)라고 이미 없는 당신에게 덧니를 살짝 드러내며 조를 수도 있게 되었기 때문이다.

    내 손은 보통 사람보다 크고 뜨겁다
    어릴 때는 긴 손가락으로 피아노 잘 치겠다는 소릴 자주 들었다

    꿈꾸던 피아노는 치지도 못하고

    불룩하고 큰 관절들, 솥뚜껑처럼 두텁고 큰 손등
    사람들은 나에게 손맛이 좋다고 한다

    오늘은 딸네 집에서 김밥을 싼다
    예순 넘은 내 손 시금치 무치고 가지런하게 단무지 썬다
    크고 뜨거운 내 손등 아래에서 재빨리 숨이 죽는 음식

재료들
　　　최고라고 엄지손가락 치켜든 손녀
　　　쉼 없이 김밥 욱여넣는 딸을 물끄러미 본다

　　　그래, 이거면 된다
　　　자식들 입에 밥 들어가는 것보다 더 좋은 일이 뭐 있
　　겠나
　　　피아노, 매니큐어, 희고 가는 손가락, 다 필요 없다
　　　김밥 맛있게 싸는 크고 뜨거운 내 손이 고맙다
　　　힘 다할 때까지 누구든 밥이나 실컷 해먹이자
　　　내 손등을 내가 쓸어본다
　　　　　　　　　　　　　　　　　　　─「크고 뜨거운 손」전문

　윤덕점의 시집 『크고 뜨거운 손』에서 시인이 함축한 비의秘義는 '밥의 힘'이 곧, 관계와 세계에 대한 시인의 성찰을 오롯이 드러낸다는 데서 찾을 수 있다. 앞에 인용한 작품의 1연은 경험 진술이다. 격려라 할까, 거기에 덧대 '피아노'를 생각했지만 다른 표현, "손맛이 좋다"에 더 충실한 삶을 보여준다. "피아노, 매니큐어, 희고 가는 손가락"에서 드러나는 가능한 세계에 대한 회한이 아니라 "최고라고 엄지손가락 치켜든 손녀/ 쉼 없이 김밥 욱여넣는 딸"을 보는 현재의 감각이 무엇보다 중요하다. 오늘을 살며 앞을 보면 지난날의 내 뒤가 보인다. 이 자세는 생활에서 단련된 것일 수도, 시적으로 갖추게 된 미덕일 수도 있다.

시인은 「법당으로 가는 밥」에서 "내 어머니도 할머니도 또 할머니의 할머니도 그러하셨지요"라고 인정하면서 '밥'이 이름이고, 기도고, 부처인 세상을 간절히 바란다. 이때 '밥'은 물질이 아니라 긍정으로 가득한 '희망'이라는 새로운 형질이 된다. 세대를 이어가며 '크고 뜨거운 손'으로 건네는 것이 언제나 새 희망이 아니라면 무엇이란 말인가.

    시도 때도 없이 파닥파닥
    바람이 분다
    수평선에 낮게 떠 있는 배들도 한호흡으로 뱃고동 울린다

    언덕배기 낮은 시멘트벽 머리 맞댄 집들 몇 마리씩 생선을 내걸었다

    삼천포에서 살려면 모기만 한 소리로는 바닷바람을 이길 수 없다
    아랫배에 힘 넣고 빵빵하게 흥정도 하고, 잡담도 귀청 떨어지게 해야 한다

    너도나도 왁자지껄

    파닥거리는 것들 천지다
    종아리에 도드라지는 굵은 힘줄 목 긴 물장화 신고 어

> 시장 골목 누빈다
>
> 삼천포 어시장에선 몸과 몸이 부딪혀도 시비 걸지 않는다
>
> ―「삼천포」전문

삶은 "너도나도 왁자지껄"해야 한다. 주체-타자든 객체, 상대든 우리는 무엇에 의해 존재가 규명된다. 가만히 있으면 "저기 저 하늘에" 아무 강조할 것 없이 '밑줄' 긋고 날아가는 새가 될 뿐이다. 새는 자기 수고를 자랑할지 몰라도 허공은 새의 흔적을 지우고 만다. 희망은 허공에 치는 밑줄이 아니다.

3

희망은 바라보기만 해서 되는 것은 아니지만, 더 멀리 높게 바라볼수록 그 폭이 커지고 밀도가 높아지는 기적을 만든다. "삶은 실제로는 비열한 것이지만, 다행히도 그것이 시에 나타날 때는 카네이션만큼 아름다운 빛깔을 띤다"라는 프랑스 시인 쥘 라포르그의 말도 아마 같은 의미일 것이다. 이 시집에서 '밥'은 커다란 제유다. 가장 강력한 상징이라 하지 않은 이유는 상징이라는 개념 하나로 시인이 보여주는 희망의 스펙트럼이 축소되지 않을까 염려했기 때문이다.

"며느리 회식이 이차 삼차 이어지면 좋겠다"(「며느리는 회식 중」)라고 지극히 사적이고 일상에서 가능한 바람이다.

내 차지가 된 손주들과의 시간을 연장하고 싶은 바람을 숨기지 않는다. 실제 많은 작품, 가령 「하늬바람」에서 "신나게 장난감 말 타는 두 살짜리 내 손녀 같다"라는 표현에서 드러나고, 「가시오이」의 "할미가 키운 오이 보고 들떠서/ 서로 따겠다고 덤빌 손주들 두 개니까 둘이 하나씩/ 고 여린 손 혹 오이 가시가 찌르지 않을까" 걱정하며 살피는 데서 알 수 있듯 시인의 손주들에 사랑은 극진하다.

인간적 이해에서 사람과 그 사이를 채우는 정에 대한 이해는 「첫 제사」에서 잘 드러난다. "한 번도 안 자고 간 적 없는 시동생/ 남편 첫 제사에도 어김없이 자고 가대/ 사람 없다고 있던 정 다 끊길까?/ 자는 일 아무것도 아닌 듯해도/ 그게 믿음"이라는 걸 보여주었다. 결여를 상실이 아니라 부재로 되살려 존재의 의미를 묻는 한 표본을 시인은 보여준다.

시간은 엔트로피 같은 법칙을 따라 불가역으로 흐르지만, 생은 시간 위에 어쩔 수 없이 올라탄 어리숙한 새와 같지 않아서 일정 구간이 지나면 제 가능성의 공간으로 날갯짓한다. 시는 나의 기록이면서 동시에 외딴 섬의 숲처럼, 아니 어두운 우주의 푸른 빛 점처럼 반짝이는 '그'의 시간과 길을 상상한 결과이다.

 북엇국 끓이며 거품을 걷어낸다
 진짜가 아닌 것들은 겉돈다
 무 콩나물 북어가 아닌, 거품…

산불에 집 잃은 시인이 와서 울었다
얇은 어깨를 들썩이며

자고 일어난 머리칼처럼 뒤엉켜버린
살림살이를 보며 망연자실했단다

집을 잃은 사람은 겉돈다

창밖 벚꽃잎 날리는 광경을 보며 기도한다
제발 그가 이 세상 거품이 아니기를

아침 목욕탕에서 돌아와 마시는
북엇국 한 그릇

산불에 집을 잃은 시인이 콧등의 땀을 훔친다
　　　　　　　　　　　　　　　―「일요일」전문

　윤덕점 시인은 '크고 뜨거운 손'으로 자신의 생태계를 건강하고 지속 가능한 방식으로 만들려 한다. '크고'는 범주의 확대를, '뜨거운'은 그 열정, 진정성을 비유한다고 이해할 수도 있다. '일요일'이란 이름이 낯설지만, 그날은 "산불에 집 잃은 시인이 와서 울었"기 때문에 특별히 기억될 수 있다. 아니다, 사실은 "아침 목욕탕에서 돌아와 마시는/ 북엇국 한 그릇"이 희망의 싹을 움 틔울 수 있겠다고 바라기에, 아니 "제발 그가 이 세상 거품이 아니기를" 하는 바람이 진정한 것이기에 시인의 희망은 밝다.

> 한평생 새우젓배 탄 박씨
> 상박근에 키운 옹이 야구공만 하다
> 어느 틈에 들어앉은 그놈 키우느라
> 밥 먹고 똥 누고 담배 피우고 일한다
> 물때 따라 하루 네 번, 그물 올리고 그물 내린다
> 옹이를 키우느라 믹스커피와 컵라면 부지런히 먹는다
> 파스 팩하며 쓰다듬고 만지며 환하게 웃는다
> 새우젓통 어깨에 메고 걸으면
> 오르락내리락
>
> 제멋대로 달아난 그물 찾느라 씨름하는 밤
> 한번씩 쓰다듬으면 외롭지 않다
>
> 철 따라 피는 꽃 못 보고 짙어지는 녹음도 제때 보기 어렵지만
> 사람 사는 거 별 거 아니다
> 전화할 때마다 우시는 엄마 생각
> 잠시 먹먹할 뿐,
> 오늘도 상박근에 옹이 키우는 재미가 있다
> ―「힘센 그의 팔뚝에 옹이가 산다」 전문

자기 슬픔에 침잠하는 대신, 밥 한 공기처럼 볼록하고, 그만큼 뜨거운 삶의 여러 양태를 펼쳐 보여준다. 시인은 「우짜꼬예?」부터 「양순 씨」, 「용태 씨의 영어」를 거쳐 「초파일」 염불 끝내고 공양하는 스님의 모습까지 대상이 아니라 행위의 질감에 따라 시적 승화를 이뤄낸다. "사람 사는 거 별거 아니다/ 전화할 때마다 우시는 엄마 생각"이 가장 현실석인 깃으로 보일지 모르지만, 삶은 "상박근에 옹이 키우는 재미"를 독자적으로 느끼고 향유하는 것일지도 모른다.

흙밭에 퍼질러앉아 들깻대 뽑는 할머니를 본다

한 대 뽑을 때마다 한번

뒤로 나뒹굴며 뿌리에 묻은 흙 꼼꼼히 털어낸다

뿌리와 맞서는 일, 이판사판

씨앗 다 빼앗기고 빈 몸뿐이면서도 끝까지 맞서는 저 오기

붙들고 늘어져야 한다

악착같아야 한다

실뿌리까지 탈탈 털어내는 절창 한 편

—「절창 한 편」 전문

  윤덕점 시인은 슬며시 생의 진면목을 대면케 한다. '끙'이다, 앓는 소리가 아니라 "불공평한 세상 다 같이 일으키는 끙,"(「끙」) 소리를 지르다가 "한 대 뽑을 때마다 한번/ 뒤로 나뒹굴며" 악착같은 깻대를 기어이 뽑아내고야 마는 생의 生意를 본다. 시인은 창가에 우두커니 서 있기보다 삶의 저 왁자지껄, "뿌리와 맞서는 일, 이판사판"으로 더 '절창'을 거듭 보여주리라.

현대시세계 시인선 185
크고 뜨거운 손

지은이_ 윤덕점
펴낸이_ 조현석
기　획_ 김정수, 우대식
펴낸곳_ 북인
디자인_ 푸른영토

1판 1쇄_ 2025년 10월 28일
출판등록번호_ 313 - 2004 - 000111
주소_ 121 - 842 서울 마포구 서교동 460 - 34, 501호
전화_ 02 - 323 - 7767
팩스_ 02 - 323 - 7845

ISBN 979-11-6512-185-3　03810
ⓒ윤덕점, 2025

**이 시집은 2025년 경상남도, 경남문화예술진흥원의
문화예술 지원을 보조받아 발간되었습니다.**

책값은 뒤표지에 있습니다.
저자와 협의 아래 인지를 생략합니다.

이 책의 글과 그림에 관한 저작권은 저자와 출판사에 있습니다.
저자 허락과 출판사 동의 없이 내용의 일부를 인용, 발췌를 금합니다.